JN418624

황소개구리

오름시인선 · 36

황소개구리

펴낸날 _ 2017년 12월 8일
지은이 _ 오상영
발행인 _ 김태웅
발행처 _ 기획출판 오름
등록번호 _ 동구 제364-1999-000006호
등록일자 _ 1999년 2월 25일
주소 _ 대전광역시 동구 대전로 815번길 125 2층 (삼성동)
전화 _ 042.637.1486
팩스 _ 042.637.1288
e-mail _ orumplus@hanmail.net

ISBN _ 978-89-90151-13-1

값 9,000원

오름시인선 · 36

황소개구리

오상영

Orum Edition

다리 쉬게
팔걸이 하나로
길 끄둥이에
삐딱하게 서서
저무는
이 저녁에
누구를
기다리나

오상영님의 시
헌 의자
정유년 봄
눌뫼 쓰다

시인의 말

시에 반해 시의 심연에 푹 빠졌지만 아직 시의 물맛을 모른 채 허우적거리고 있다. 연어처럼 거센 물살 헤치고 솟구쳐 힘차게 강물 거스르는 그날이 올 때까지 불꽃을 태우리라.

도움 주신 시우 여러분 그리고 지도 편달 아끼지 않으신 교수님께 감사드립니다.

2017년 12월 **오상영** 합장

차례

제2부 | 스마트한 반려자

제4부 | 다랑이 논

제1부

봉선화

간

이

역

봉선화

여우비에 여름 익어 가면
울밑에서 장독대에서
실개천 언덕으로 떠밀렸지만
토닥이는 햇볕 듬뿍 받고
봉선화 홀로 피어 있다

칠십 년 전
38선 베고 몸부림치던 백범
조국 광복을 위해 가신임들
숨소리 가쁜데

아직도 풀지 못한 한
숭얼숭얼 맺혀
노을이 노을노을 짙게 타는 저녁
붉은 눈물 흘리고 있다

마포형무소 앞
물결치는 태극기 군중들
외치는 함성으로 눈물 닦아질지
저며진 살점 언제 여며질지

토란

발밑에
알토란 고물고물 매단
엄마가
넓은 잎 하나 펼쳐 들고
무방비로 내리꽂는 햇볕
요리조리 막아주고 있다

아직 어리고 여려
새알같이 웅크린 토란들
엄마의 넓은 그늘이 있지만
들락날락 대는 해 촉에 찔리고
자갈에 짓눌리며 크다 보면
제 옷 두터이 입는 법을 배우겠지

햇살에 단풍 타는 냄새 황홀해지면
치마 삭아 찢어지는 소리가 줄탁이라
깨지지 않는 갑옷 입고 삐져나와
환한 세상을 엿본다

보아도 들어도 먹어도 안 될 것들
모두 보고 듣고 먹는다

타던 단풍 재가 되면
너럭바위 같던 잎 사그라들고
물컹거리는 엄마 배꼽이
툭툭 뱉어 낸 알토란들
갑옷과 아린 맛으로 무장하고
질긴 탯줄을 끊는다

어둠의 자식들

어두운 곳이면
하늘이 모를 줄 알고
계명을 어긴 불쌍한 것들

그들이 어둠을 벗어났을 때는
밤하늘의 외로운 별 하나

수없이 많은 별들이
밤하늘을 수놓지만
절대 고독이 눈물짓게 한다

흔적 숨기려다 들통난 군상들
초췌한 영혼의 모습
허공으로 눈발 나부끼듯
아스라이 사라져
홀로 사는 별이 된다

어둠의 자식들로 가득한 하늘
그들이 밤새 흘린 눈물

풀 섭 이슬로 맺혀
새벽 햇살에 툭툭 채인다

그토록 바라던 하늘나라
그곳도 어둠의 자식들이
눈물로 밤 지새는
별 볼일 없는 세상이다

설상가상

흔들리지 않으려
가부좌 틀고 앉은 나무
바람 잘 날 없다
어쩌다 바람 멎자
하얗게 분장해 보지만
흔들리는 것보다 더 아리다
설상가상 눈까지 쌓이니
너무 무겁고 온몸이 쑤신다

바람 다시 일어 서리는 멎었지만
가지 흔들려 눈 털리면
몸뚱이 온전할까
매서운 바람 피하려
어떤 외투를 입어야 하나
맨몸으로 겨울과 싸우는 나무

낮이면 어깨에 해 걸어놓고
밤이면 달과 별로 몸단장하면
하얀 겨울 이겨낼 수 있을까

툭 하는 소리
팔 부러진 소리인가 바람소리인가
흐르는 하얀 피 하얀 눈물 닦고
앙다문 입 슬며시 열면
굳어진 가부좌 풀어질까

높은음자리표 방울토마토

멋없이 어지럽게 키만 쑥쑥 크는 방울토마토
깔끔하게 말뚝에 매달아 놓으니
오선지에 음표를 그린 듯
저마다의 규칙이 엿 보인다

크는 대로 집게로 순을 물어놓으니
아래로 늘어지며 크는 습성
밑으로 주저앉은 줄기에 주렁주렁 매달려
맛깔나게 익어가는 토마토

낮은 곳에서 똬리를 틀며
사리사리 감긴 모습이 흡사 높은음자리표다
브랜드 상표는
높은음자리표 방울토마토

상순 높은 곳에 노란 꽃 주절주절
밑바닥 줄기는 몸 사리며
높은음자리 그려
붉은 음표 송알송알 매단다

심술

하늘이 참 수상하다
주먹이 드나들게 터진 논바닥
고양이 오줌 싸듯 내리는 비로
채울 수 있을까

단오 하지에 단비 온다는 옛말은
시름에 찬 이마 어루만질 희망사항
밤낮 애꿎은 지하수가
양수기를 벌겋게 달군다

아직은 몸살 중인 들판이지만
심통 난 태풍과 폭우의 매질로
꽃 떨어지고 가지 꺾이면
엉클어진 농심 누가 잡아주나

가을바람 시원히 불면
얽히고설킨 덩굴
깔끔히 걷어내
하얀 눈물 닦아주고 싶다

잔소리

아이들은
엄마의 잔소리로 쑥쑥
학동들은
선생님의 잔소리로 쑥쑥
나라는
국민들의 잔소리로 성장한다
바르게도
그르게도

사막의 꽃

사막에도 꽃이 핀다
이름하여 사막 국화

사막 토끼가 오물거리다
실수로 흘린 잎 하나
바람이 지나다 묻어 주면
밤의 열기로 눈을 틔운다

뙤약볕에 잎줄기 쑥쑥 키워
진보랏빛 꽃이 활활 탄다

귀한 물과 자양 가득 채워
잎 통통해지면
날카로운 이빨자국과
피맺힌 아픔도 참고
선뜻 제 살 싹둑 베어 내준다

황량한 사막에서 종을 이어가는
생명들의 지혜

손짓

평생교육원 휴게실에서
커피를 타는데
갑자기 예쁜 손이 옆에 나타나
커피를 젓고 있다
죄도 없는데 왜 몸이 떨릴까

초라하고 초췌해 보이는 내 손
코끼리 얼굴인지 거북이 다린지
검버섯에 무사마귀
가로수 우듬지보다 더 많은 옹이
툭툭 튀어나온 실핏줄

달 가듯 구름 가듯
가는 세월은 흔적이 없는데
노을 짙게 달구더니
내 손에 남겨준 앙금
커피색처럼 진하고 골이 깊구나

마디마디 시도 때도 없이

쑤시고 저린 돌림노래
멈추는 날은 언제일까
그믐밤보다 어두운 그늘
바람이 저만치서 손 흔든다

해수관음상의 자비

베트남에서
거인이 큰 상처를 입고
손을 뺀 후 태어난 아이가
벌써 40이 넘은 나이

다낭만 푸른 바다만 쳐다보는
관음보살의 자비스런 표정은
지긋이 웃고 있지만
아직은 시름이 그득하다

중국의 식민지 생활 천년
프랑스 미국과 백여 년의 전쟁으로
남자는 태어나면서 전사요
여자는 후방지원군이 되는 나라

싸우다 죽어간 영혼과
전쟁 후유증으로 수장된 영혼들

저 바다 밑에서 아우성치는 소리

지금도 생생 들리는데

해수관음보살 자비의 손길에도
잠들지 못하고 떠도는 혼
누가 편히 재울 수 있을까
파도만이 불쑥불쑥 울분을 토한다

굉음을 내며 질주하는 스쿠터
살아있는 영혼들의 한 맺힌 소리
흐르는 세월만이
아픈 상처 달랠 약이겠지

슈퍼 문

초승달이
갓 태어난 아기처럼 예쁘다
간밤 잘 자고 나더니 훌쩍 컸다
여기저기 붉은 실핏줄이 돋고
점점 커져 슈퍼 문이 되었다

보름달에
굵직한 핏줄들이
하지정맥류처럼 엉겨 붙더니
여기저기서 별들이 염문을 퍼뜨린다
모르는 사이
균형을 잃은 몸매도
부끄러운 줄 모르고
헤어져 오랜만에 만나는 별들과 어울렸다
어색한 만남

달은 슈퍼 문이나
토끼들의 송편 절구 소리
재잘대는 아이들의 웃음소리

멎은 지 오래
고향땅 북쪽에도
한가위 달은 뜨겠지만
어렵게 만나 어색한 분위기에서
별과 달의 난해한 이야기
눈물만이 강물처럼 흐를 뿐

억새의 노래

푸르르 유리알 같은 하늘에
하얀 구름이 입 크게 벌리고
하늘을 집어 삼키며 흘러간다

하늘을 뭉갠 가을이
누런 들판도 깡그리 들이마시고
억새와 갈대는 목이 쉬도록
가을을 노래한다

쉬쉬 쏴 쏴
부스럭부스럭
서걱서걱

삭풍은 빈 들을 거쳐
까치 감 홍시 하나 매달린 가지 흔들고

허공을 가르며 날아오는
기러기 청둥오리
제 가슴에 안기라고 손짓 한다

저만치서

하얀 눈발이 나부낀다

돌하르방

돌하르방으로 태어난 운명
이팔청춘인데도
젊음이 다 가도
애늙은이나 늙은이나
모두 하르방

사리 물에 오메기 술병 지고 온다는
돌할망 기다리느라
멈춰진 시간 속에서
올레길 모퉁이 할망당 바라보는
침묵의 미학

문주란

꽃숭어리 하나에
꽃술 열
네 송이 세 송이 또 세 송이로
한 바퀴 휘돌며 피는 꽃

쉴 줄 모르는 바람
한 맺힌 여인들의 혼과
우직한 하르방이 키운 꽃
꽃술마다 내뿜는 화주花酒
코가 취한다

냄새에 이끌리고
꽃술에 취해
사 삼 삼 어조로
향수 어린 노래 한 곡 써서
감수광 올레길로 보낸다

4월 3일

부러진 날개 추스려
아버지 제사상에
향 짙은 문주란 꽃 한 송이
고이 올려 놓는다

해마다 이날이면
희뿌연 안개에 젖은
촛불 하나 켜놓고
그늘에 가려진 슬픈 사연
쭉정이를 벗겨본다

눈 감고 기도인 듯 중얼거린다
불효자 "감소고우"라고

백수百壽와 백수白壽

야! 백수야 술 안 따르고 뭣하냐
예, 백수님 술 붓습니다
야, 백수야 몸통 돌리고 술 마셔라 응
허, 참
일백백자에서 한일자 하나 뺐다고
같은 백수끼리 너무하는 거 아냐
쯧 쯧
나이는 먹고 볼 것이랑게

고추잠자리

서른여섯 해를
장롱 깊숙이 숨어
숨 한 번 제대로 쉬지 못한 꽃
손톱 밑 가시로 찔러
태극선 보고 그린 그림
수수깡 붉은 대에 매달아 휘두르며
목이 쉬도록 부르던
동해물과 백두산

추웠던 겨울
물속에서 얼었다 녹기를 여러 번
빛 다시 찾은 날
빌딩 높은 곳에서
마음껏 나부끼고
죽지 힘 다하도록 창공을 날던
고추잠자리 날개
다시 찾은 그 색깔 더욱 곱디곱다

돌이킬 수 없는 시간
목 쉰 풀벌레 울음
울분으로 허공에 토해낸 후
떼 지어 더운 여름을 메고 와
한강수에 목욕 재개하고
거리거리 누비며 날던 날개
팔월의 사루비아 꽃밭을 뜨겁게 달군다

노을

동학사 계곡 수심에 잠긴
핏빛 가을이
바람을 못살게 보채더니
불을 지른 듯 활활 물을 태운다

다섯 손가락으로 물감 꾹꾹 눌러
제멋대로 찍은 연지 곤지
푸른 산을 살찌우더니
어느새 노을을 닮았다

실바람에도 톡 터질 것 같이
진하게 물들어 타는 입술들
내 마음 붉게 물들이더니
어느새 잿빛으로 가을을 지운다

잘 익은 가을
쌓고 채우기에
하루해를 바삐 넘기더니
낙엽 진 딱지에 눈 하나 남겼다

황소걸음으로 온 가을이
희미한 추억 활활 태우다
별뉘 뒤안길로 쫓기듯 숨어
하얀 손수건 흔들며 조용히 사라진다

짐꾼 들

밤마다 큰 짐 하나 지고
끙끙 꿈속을 걷는다

뒤척일수록
발발 떨리기만 하는 발목
신음소리로 통증을 호소하지만
무표정한 천심의 압력
버틸수록 더 무거워지는
중력의 씨앗은 무엇일까

씹고 씹어도 맛이 없는 세상인심
크고 보람 있는 일을 멋지게 해내
시선을 사로잡고 싶어
장고에 장고를 더하지만
허기만 더해 갈 뿐

내 입은 진실이요 양심이라고
애써 강변하지만
귀는 로맨스고 불륜이라고 재분류한다

큰 짐 짊어질 사람 하나 고르기가
어찌 그리 쉬울 손가
헛기침 소리만 요란한
맥 빠진 짐꾼들

꽁꽁 얼어붙은 바다
어떤 쇄빙선도
깨지 못 한다

나비 스캔들

아름다운 꽃을 본 순간
눈은 멀고 후각만 남는다

작달비처럼 뛰는 심장
가쁜 숨소리
눈은 멀었다

오직 새빨간 장미만 보일 뿐
진한 향기에 취한 나비
냄새만 따라간 후각들

비틀거리는 날개
벌름거리며 따라가다
늪에 빠져 허우적거린다

향기도 악취도
한번 매료되면
모두 스캔들에 휘말린다

제2부

스마트한 반려자

간 이 역

간 고등어

한 마리 목어로 살려나
창자 심장까지 빼 내버리고
소금으로 속 채웠다

영혼은 심해를 헤매는데
눈 멀겋게 뜬 채
짠물로 목욕재계하고
찾아올 손 기다린다

백주에 비린내 풍기며
승천하고픈 고등어
그의 꿈이 가늘게 탄다

화물차의 꿈

노구로 하루도 쉬지 않고
무거운 짐 가득 싣고 끙끙거리며
자갈길
언덕길 비포장도로를
가리지 않고 굴러다녔다

너무 열심히 굴러
헛바퀴가 돌고
피스톤 실린더가 닳고 닳아
헛기침이 심하다
노즐은 감기환자처럼
콧물을 질질 흘린다

AS비용이 만만찮다
살 만큼 살았으니
몸뚱이를 해체해
쓸 만한 장기는 이식해주고
불용품들은 용광로에 넣자고
의정서를 작성해야지

그리고 앙징스런 소형으로
다시 태어나
젊음이 넘치는 분을 주인으로 모시고
팔도강산 누비며
새 삶을 살아야지

나빌 눈

팔락팔락 나비 떼 나부낀다
박쥐우산으로 하늘을 가리고
얼어붙은 듯 엉겨 붙어
눈밭을 걷는 연인들
눈발 따라 춤추는 고양이와 강아지
엉금엉금 기어가다 뒤엉켜
견인차에 매달려 축 늘어진 채
끌려가는 사고 차량
앞산도 활활 타던 꽃불 조용히 접었다

구름을 잡고 놀던 바람이
회색 겨울을 불러오더니
어느새 연분이 난 듯
허공이 만삭이다
칼바람에 베인 억새
별 그림자 안고 하얀 눈물 닦는데
누렇고 검은 세상은 표백되어
새하얀 우주로 몸을 풀었다

동안거로 잠든 산야
초목들 매서운 눈
눈 속에 숨기려다
태풍과 삭풍에 긁혀 찢겨나간
허망한 세월의 상처
얽어매고 기워 여며진 흉터로
동그라미 하나 진하게 그리련다
자박눈 자박자박 내리는 숨소리 사위며
달콤한 절망을 즐기리라

붉은 바람

공원 벤치에 앉아
시집을 펼쳤다
바람 따라
가사 입은 스님이
툭툭 내려앉아
가을의 시를 읽는다
시를 읽던 스님
바람을 읽어 보란다
저렇게 붉게 쏟아지는 바람
동자스님의 얼굴 같은

시도 때도 없이
이리저리 부는 바람
공양하듯 공손히 다잡아
소리 내 읽어 보라고
우주에 갇힌 허공의 울림
바람의 쭉정이를 벗기면
왈칵 터져 나올 붉은 눈물

색깔 없는 바람이
아무리 세차게 분들
세상을 흔들 수 있을까
막힌 가슴 시원히 뚫어줄 바람
솔솔 불어오는 날
가벼운 몸으로 황홀하게
멀리멀리 날아가는 꿈 꾸어야지

모란이 피는 날

여름날 따끈한 햇살
양푼으로 들이마셔
싹수 노란 가을을 숙성 시킨다

기나긴 그 겨울 삭풍으로 곰 삭여
봉오리 몽올몽올 키우니
따가운 봄볕이 생살을 저며
붉은 속살 보여 준다

유월 어느 날
단비에 빨건 염장 들어내더니
장대비가 흔적을 지운다
비 맞고 피어
비 멎으며 지는 꽃
호랑나비 무늬처럼 서럽게 고와 보인다

봄날의 황홀한 몸짓과 꿈들
여진의 길목을 지키며
야성을 드러낸 작달비의 매질에 찢겨

허망한 헛열매 맺더니
바로 여름을 펼쳐 놓았던가

부귀영화 그림속의 꽃으로
모란이 피고 지는 날
방울방울 물거품이 일어난다

억새꽃

지난여름
그렇게도 무덥던 날
꽃바람 타고 날아와
무성히도 자라더니

꽃순 허연
그대 억새꽃
어석어석
지천으로 피었어라

베일 듯 날선 잎들
무서리에 무뎌지고
하늘 닿도록 뻗어 오르던 기상
노을노을 풀어지더니

눈꽃 풀풀 내리던 어느 날 밤
하얀 눈 짐 못 이겨
털썩 주저 앉았어라

온 텃새들 몰려와 소란 떨다가
짝지어 미로 찾아
둥지 틀고 단꿈에 빠졌어라

낙엽의 귀거래

서리 내리고 기러기 날면
푸르던 여름날은 추억일 뿐
다시 돌아가고파
고운 꽃단장 하지만
간간이 부는 실바람에도
툭툭 떨어져 널브러진다

추억이라는 병을 앓고는 있지만
이유를 마친 아기가
젖꼭지를 다시 빨 수는 없는 일
바람 부는 대로
물 흐르는 대로
흩어지고 헤어진 자리로 남는다

그늘 진 계곡
낮은 물속에 누워
곱던 꿈과 추억을 지우며
바람과 나무가 연주하는 슬픈 노래
듣는 듯 마는 듯

육신도 영혼도 모두 허물어진다

호랑이는 피륙을 남기고
작은 밀알 한 톨은 썩어
한 줌의 알이 되며
인간은 이름 석 자
화인처럼 새기지만
도무지 낙엽은 흔적이 없다

홑잎* 나물

어렸을 적
삼월 하순이 되면
엄마와 같이 홑잎을 땄다
산모롱이 언덕 위에서
고목으로 자란
화살나무를 찾아

화살나무 가지를 한 짐 넉넉히 베어다
온 식구들이 모여 잎을 따고 다듬으면
엄마가 신탄진 장에 내다 파셨다
우리는 다듬고 남은 못생긴 잎들을 따서
아침 반찬으로 먹었던 일이 생각난다

그 후 나이테가 칠십년을 돈 오늘
그 언덕에 와 보니
그렇게 크고 잘 생겼던 화살나무는
온 데 간 데 없고
이름 모를 잡목만 무성하다

세월이 약이라더니
믿기질 않는다
가지에 찔려도 아픈 줄 모르고
오르내리던 정
올해도 찾아 주질 않는구나

맛있게 먹었던 홑잎나물비빔밥
홑잎 팔아 사탕 사 오시던
어머니
이젠 날 마중하러 나오시겠지

* 화살나무의 연하고 어린 잎

패전

빈삼각에 오공도화라
패착이 분명하다

사석작전으로
소탐 대실의 수렁에서 기어 나와
꽃놀이패로 버티는 재미도 쏠쏠하다
대마불사라는 속담도 있지만
패싸움에서 밀리면
대마를 잃고 쓸쓸히 돌을 던진다

바둑은 반 집 싸움
패전에서 패하면
석패가 아니고 분패라 하였으니
한 수 한 수 한 집 한 집
수 계산이 신의 수

'신산'은 게임을 뒤집는
수 계산의 달인
반 집 싸움에서

패자의 기분은

정말 신산스러운 파문 그리겠다

스마트한 반려자

밤이나 낮이나 밝은 얼굴로
묵묵히 기다리며 일거리를 달라는 눈치다
마치 심부름센터 사장처럼
대화가 주된 업무지만
급할 때는 편지배달을 하고
멀리 있는 은행 금융거래도 척척
박물관 도서관이 손안에 있단다

아슴아슴 애인은 불러왔지만
마주 보이기만 하고 옆에 앉히지 않는 보수파
필담으로나 애틋함을 전하라며
때 되면 피자나 통닭을 시키지만
함께 식사하지 않는 예절을 지킨다

손가락 끝의 날렵한 열감에 빠져
짜증나 삐죽거리는 입술은
절대 보여주지 않는다
고마워 가슴에 품고 온기를 전하지만
사양의 미덕은 모르는 모양

받침 없는 말을 중얼거리거나
이상한 말로 내 귀를 훔치려 한다

끊임없는 진화로 늘 첨단의 유행을 자부하며
오늘도 무리져 쏟아지는 햇살 아래서
짙어가는 노을을 노래하며
새로 맞은 반려자와
즐겁고 스마트한 동행을 기대하는 것이다

동행 2

자폐증이 있는 17세 소녀는
바닷가 조그마한 포구
날아갈 듯 비스듬히 누운 집에서
푸른 바다를 바라보며
어부인 부모를 기다리며 해를 넘긴다

보이는 것은
햇살 한 짐 부으면 가득 채울 포구
하늘이 재단한 수평선이
고래 등 같은 섬과 섬을 이어주고
비늘 돋친 바람과 놀고 있는 파도와
한 뼘 남짓한 물의 속살인 갯벌이 전부다

세상에서 가장 낮은 그곳에 괴인 물은 하늘이나 산처럼 높은 곳이 싫어 흐르고 흘러 모이고 모여 채워져 물고기와 조개들이 보금자리를 튼 곳으로 소녀와 바람과 갈매기가 친구로 즐겁게 사는 곳이다

오뉴월 하루해가 질리지도 않는지
소녀는 포구가 빤히 보이는 둔치에 앉아

갈매기와 묵언수행으로 하루해를 넘긴다
바다 내음 질퍽한 새우깡 과자 한 봉지는
자유로이 비상하는 갈매기와 소녀를
오래 된 친구로 맺어 주었다

그저 엎어지면 닿을 것만 같은
포구를 향해 손을 흔들면
떠나가는 뱃고동 소리
끼르륵 끼르르륵 하얀 갈매기들의 신호로
먼 내일을 향해
짧은 오늘을 동행하는 바다의 소녀

수인번호 365-416

꽃 피는 4월 이었던가
봄꽃 진달래 모란 벚지
붉은 혀 막 내밀려다 멈춘
하늘이 번쩍번쩍 짓던 날 이었던가

입술 앙다문 채
가파르게 험한 물결 속에서
헤어나지 못한 365일

춥고 어두운 눈물바다 심해에서
파르르 윤기 흐르던 푸른 진주들
이십년을 뭉쳐 짊어진 무거운 배낭 풀어놓고
잔치 한번 베풀지 못한 채
무너진 바다 한 모퉁이를 메웠다

희망을 장례 치른 4월 16일
하늘도 하루를 여미지 못해 붉은 저녁
싹둑 잘린 대나무 우듬지까지 바르르 떤다

터진 구름 사이로 새어나온 별들의 눈물
땅을 치고 하늘을 우러러 향촉 피우지만
물망초는 언제 싹 틀 것인가
가로등 불빛마저 가물가물 하다

수인번호 365-416
탱글탱글 망울진 그대 봄꽃들
하늘에서 곱게 피워보길 기원하며
오늘도 두 손 모아 합장한다

하늘에서 부를 노래

진주만이 뒤집힌 날 징집영장 받은 엄마
어깨띠 걸어주며 마른눈물 보이시고
잃어버린 말과 글 태극기는 찾았으나
피로 물든 한국전쟁 허기진 보릿고개
사일구 오일륙 오일팔의 검은 상처
동백꽃 지듯이 지우면서 가고 파라
새벽종소리에 초가집을 헐었고
새아침이 밝으면 넓은 길을 닦았노라

노랗게 채색된 젊은 날의 고생은
검은 머리 푸른 꿈 설렘이 좋았고
지천명에 써본 학사모를 어찌 잊으랴
예쁘고 몸매 고운 아가씨 맞아들여
자식 낳아 기르는 일 고생인 줄 몰랐고
사슴처럼 선녀처럼 고이 사신 부모님
살 대고 문지르며 모시고 살았는데
지금은 뜨거운 그리움만 남았어라

호기와 헛기침에 헛발질로 키운 그늘
허족이란 이름으로 싱싱하게 키우며
안면도 백리 길을 발톱 아프게 걷다보니
구슬 같은 꿈들이 알알이 익었어라
올 때는 함께 와서 따로 가는 못된 친구
뻐꾸기 울음처럼 잊지 못할 추억 모아
승천하는 목어처럼 속 비우고 살면서
너럭바위 너른 품에 안겨주고 싶어라

봄비

네이멍구 사구가 뒤집힌 듯
누런 모래먼지가 북녘 바람 타고
며칠째 하늘을 덮고 물러설 줄을 모른다
기상청은 으레 봄비타령

베이징에서 날아온 반갑잖은 물건
희뿌연 미세먼지가
백세인생을 노래하는 주름진 얼굴들을
이상한 마스크로 가려 버렸다
지구인인지 외계인인지
봄비 오면 그 가면 벗는단다

소방차가 산골까지 경적을 울리며 내닫는다
조심조심 산불조심 외치며
논두렁 밭두렁 쥐불은 어디 갔나
우리가 언제부터
황사나 미세먼지 따위를 두려워했던가
핵무기로 위협해도 눈도 꿈쩍 않는데

춘래 불사춘이라
아직 바람이 차지만
화신과 함께 봄비야 밤새 내려다오
진달래 개나리 매화가
얼굴 내미는 길로
촉촉 마중 나가고 싶구나

투명한 그리움

하얗게 타버린 가을밤
흐릿한 별빛이 밝아오면
더욱 또렷해지는 기억
무리 져 흐르는 유성처럼
다가오는 그리움들

달빛으로 가득 채워진
텅 빈 방
이슬처럼 영롱한 추억
그득히 쌓여도
외로움은 그대로

고독이 밤을 환히 밝히지만
보석 같은 옛 생각들
호수처럼 맑게 떠올라도
그 깊이 알 수 없어
질펀히 지운 하얀 밤

가을비 촉촉 내려

영혼까지 축축해지면
외로움 움켜쥐고 비틀거리다
흠뻑 젖어 깊숙이 침잠해도
확실한 부표로 떠오른다

새벽하늘 홀로 남겨진 남십자성
밤 새워 하늘 밝히던 수많은 별들
이슬로 내려앉아 발끝 적시면
눅눅히 끈적이는 그리움들
투명하게 젖어든다

바다와 바람과 나

바다에 누워 하늘을 본다
바람이 살랑인다
아니 알랑 거린다
파도가 출썩출썩 철썩이더니
발바닥이 간지럽다
출렁이며 조리질 하듯 흔들어
부서져 하얗게 번지는 물빛
넉넉히 헤픈 구름 아래
무수한 생명들
잉태하여 태어나고 죽어가는
저 바다

끊임없이 칭얼대며 보채는 바람기
살기위한 몸부림이고
숨소리인가
투정 부리고
깔깔대며
노래 부르고 춤도 춘다
진흙탕에서 알찐거린다

에덴동산을 잃은 인간이

사단* 칠정**에서 헤어나려는

몸짓인가

땀 냄새인가

* 惻隱지심(仁) 羞惡지심(義) 辭讓지심(禮) 喜悲지심(智) (四端)

** 喜 怒 哀 樂 愛 惡 欲 (七情)

喜 怒 憂 思 悲 驚 恐

喜 怒 憂 懼 愛 憎 欲 (불교)

한국어편찬회 편(89년 판)국어대사전 삼성문화사 P.811

꽃님

그렇게 기다려도
쉽게 오지 않는 임
기다리다 지쳐
터지는 입술처럼
설중매 봉오리 힘겨워 혀만 내민다

언 땅 헤집고 쑥 잎 내미는데
정녕 님 오는 소식인가
꽃샘의 입김이 살 저미며
가는 겨울 바지 한 자락 움켜쥐고
마구 흔든다

시린 콧등 간지리는 바람
빗물처럼 주르르 흐르는 콧물
요란한 기침 재채기 소리
모두 임 오는 소식일까
창문 여닫는 소리만 요란하다

멋쟁이 아가씨 치마는

점점 짧아지고
반려동물도 옷을 갈아입는다
설악산 대청봉에 쌓인 눈 위로
봄 햇살이 쌓인다

봄 오시는 발자국 소리 따라
꽃들마저 솔솔 귀 여는 소리

젖소들의 헛발질

우리에 갇혀
암컷끼리만 살아가는 젖소농장
인공수정으로 생리적 욕구를 흠집 내고
출산의 고통 잊기도 전에 모성은 간 데 없다

착유기에 착취당하는 모유
자식과는 생이별에다
종국에는 살과 뼛조각까지
깡그리 빼앗아 간다

발정기의 젖소들도
동성애를 아는지
수컷 없는 세상이
무던히도 적적한 모양이다
암컷들끼리 교미놀이를 즐긴다
수삼 년째 수절한 노파
고개 끄떡이며 끌끌 혀를 찬다

뼛속 슬픔까지 짜내 다 주고 나면

보고픈 자식 울음소리 들리려나
어린 새끼의 뜸배질 받으며
젖 한 번 실컷 먹여 볼 수 있으려나
새끼 사육사를 향해
엄매엄매 콧김 내 품으며
착유긴지 착취긴지
앞발로 툭툭 건드려 본다

사랑

해전에서 승리한 제독보다
바다의 품에 안긴 해녀가
더 행복하고
험준한 산을 정복한 탐험가보다
산자락 품에 안긴 등산가가
더 행복하단다

너와 내가 서로
품어 안을 때
함께하는 포근함이
진정한 사랑이겠지
유기견 길고양이
사랑에 굶주려 병 든 환자들

일곱 또는 열을 품어 안았던
그때는 거리거리에 사랑이 넘쳤는데
하나 둘도 안지 못하는 오늘
부정을 부정하고
모정은 모질어져
찬바람이 시퍼렇구나

일체유심조一切唯心造

나무가 흔들린다
바람 일까

흔들리고 싶은 건가
내 마음이 흔들리는 건가

팔색조

오동도 동백 숲에 사는 팔색조
딱정벌레 찾아 숲을 누비지만
그리 흔한 먹잇감이 아니라
멸종의 종이 울린 지 오래라서
천연기념물이 됐단다

앞태 뒤태 옆태는 물론
용태容態까지
험 잡을 곳이 없는
아름다운 새 국색조國色鳥

팔방미인이 배고프고
미인도 박명이라 했으니
팔색조가 멸종 위기를 맞은 건
자연의 섭리

길고양이 비둘기에게
먹이 열심히 주는 동물 애호가
팔색조 사랑운동으로
멸종도 막고
귀하고 고운 새 보고 즐기는 재미 어떨까

제3부

간이역

간 이 역

진정 꽃들은 웃고 있을까

꽃들이 태양을 닮으려나
입 크게 벌리고
환하게 웃고 있다

진정 꽃들은 웃기만 할까
나를 가둔 꽃밭
꽃들의 속내를 들여다보고 싶다

빈정대며 비웃는 헛꽃
납작 엎어져 눈치 보는 놈
헤프게 웃어대지만 향기 없는 놈

웃고 있지만
속으로는 울고 있을지도 몰라
화들짝 피었다
와르르 쏟아지는 눈물 같은 꽃
무슨 사연 있을 것 같아
아롱진 눈빛으로 꽃밭을 본다

뒤태

뒤태가 화두다
뒤태미용실 뒤태미용체조
뒤태성형외과 뒤태미인선발대회
뒤태마네킹 등
뒤태로 눈길을 돌려보란다

앞사람 뒤만 보고 걷고
엘리베이터 안에선
뒤만 보고 서 있는 우리네
구린내 나는 뒤
선인들의 뒤를 따라가는 인간사
역사는 무엇의 기록인가

앞만 보여주는 사람
뒤태가 의심스럽다
왜곡되고 감춰진 뒷모습
숨겨진 구린내 풀풀 튀어나오도록
보도에 열심인 언론을 보면
뒤태미인을 본 듯

스산한 마음이 시원해진다

미세먼지 자외선 두려워
마스크 선글라스 모자로 가려진 앞
비집고 볼 수 없으니
뒤만 보고 가자
혹시 보톡스로 가꾼 뒤태는 아닐지

뒤가 깨끗한 세상이 회자되는 날이
뒤태미인들이 활보하는 날

모기

벌써 모기 소리가 들린다
피 맛을 봐야 직성이 풀리는 놈
다른 종족의 살 냄새가 좋아서
잠행한 암컷

수컷 친구도 마다하고
내 살에 침 팍팍 꽂고 침* 탁 뱉어
묽어진 피
강제로 뽑아 달아났다

올 여름이 길거라니
향그런 피의 맛에 길든 식성으로
모기와 한 판 승부수를 띄워야겠다

* 모기의 타액 성분 : 히루틴(피를 굳지 않게 하는 성분으로 가렵고 붓게 하는 독소)

여백

삶에 찌든 때
세월의 무게에 눌린 어깨
화려함에 부신 눈
빈틈없는 일상에 지친 나
훌훌 털고
내 마음 쉴 곳
호수나 바다 같은 곳
그 빈곳에 시 한수 써 놓고
쉬고 싶다

빙산의 감정

무의식이라는 빙산에 갇혀
만나주지 않는 친구
반기지 않는 가족
방황하다 수렁에 빠졌다
뇌관으로 손가락이 간다

조절 되지 않는 분노
사랑타령도
노래는 유행이지만 통로가 막혀
마땅한 출구가 없다
싹이 노래졌다
치유할 자리는 어디인가

먹을 것은 많아도 내 먹이는 어디에 있나
장미꽃 지천이지만 내가 꺾을 장미는 없다
잠은 와도 편한 잠 즐길 둥지는 없고
천지가 옷이지만
나는 누더기 신세

다시 나의 원시림으로 돌아가고 싶다

무녀리

꼭꼭 닫혔던 엄마의 깊은 궁
잠긴 듯 닫힌 문을
힘차게 치받고 나온
문 열이

내 생일이면
문 여느라 수고 했다고
술 한 병 씩 들고
웃으며 나타나는 동문들

한 문을 나온 동문들인데
유독 무녀리 생일에만
동문회 파티가 푸짐하게 열린다

황소개구리

으르렁으르렁 웅 웅 소리에
기가 죽은 수중 가족들
개구리 주제에
황소울음 흉내를 낸다

배고프던 시절
식용으로 수입된 황소개구리가
물속 생태계를 주름 잡다니
굴러온 돌이 박힌 돌을 빼는 격이다

커다란 입에 북통같은 배
흉물스런 이빨
전율을 느끼게 하는 울음소리에
물속은 비상사태

왕성한 식욕과
거친 힘에 가위가 눌려
토종 생물들은 멸종 위기다
천적은 없을까

남자 X에 좋다는 말에 창업한
황소개구리식당
미식가들의 입맛 다시는 소리가
파문을 일으킨다

눈도장

몇 년 째
새벽 산책길에서
스치며 바람을 일으키고
옷맵시가 유난한 여인이
며칠 째 잠잠하다

잔잔한 파도가 일렁인다
심란하다 흔들린다
추우나 더우나 마스크로 가려진 얼굴
이름도 성도 모르는데
유일한 기억은 옷맵시 뿐

장마에 쓰러져 겨우 고개 든
갈대에게 물어도
도리질만 칠 뿐
오늘 그녀의 옷맵시는
몇 점일까

바람 지나간 자리가

횅하니 텅 비어있다
눈도장이라도 찍어 놓을 걸

유모차 주인

아이들 키우느라 평생을 바친 어르신들
오일장 보고 막차를 탄다
버스에 오르자마자 눈 지그시 감았다
이 마을 저 마을 돌고 돌며 굴러가는 버스
걸어도 한 시간 타도 한 시간

무슨 생각이 그리 골똘 할까
여인들이 대다순데
구성진 사투리 섞인 수다는 어디가고
침묵만이 강물처럼 흐를 뿐
순대와 참이슬 기다리는 남편도 잊은 듯

창밖을 응시하며 가는 손님
진달래 꽃불 꺼진 지 오래인데
늘 쳐다보고 함께 살아온 강산
산봉우리에 걸려 있는 빈 하늘이
좋아 설까 설어 설까

훗날 먼 길 떠날 때

잊지 않고 꼭꼭 챙겨
자유로워 고독한 임에게
고향 소식 전하려나
꼭 다문 입가의 결이 범상치 않다

'구례말 어머님 내리세요'
종점이요
기사님 목소리 정이 넘친다
시름 그득 담긴 보따리 들고
촘촘히 내리는 종점 손님들
유모차들이 주인을 반긴다

주먹과 눈물

옥문玉門 열고나올 때
주먹 한 번 옹골지게 써봤지
엄마가 가르쳐준 주먹의 용법

그래서인지
세상 살아가는 일이
주먹 불끈불끈 쥐는 일뿐

싸움질 하다
코가 피로 범벅이 되던 날
눈물로 사립문 열고 엄마 불렀을 때
혼쭐 한번 크게 내시고는
돌아서며 눈물 흘리시던 어머니

조금 커서는 뒷골목에서 놀다
지나가는 애들 두들겨 패
치료비 물고 쫓겨난 후
어머니는 며칠 동안
눈길 한 번 안 주시고 우셨다

주먹을 잘 키우면
세상을 쥐락펴락 할 수 있다던 아버지
주먹질로 신세 망칠라 이놈아
간곡한 어머님 말씀이 상충하면서
주먹은 커졌지만 쓸모가 없었다

저승에 계신 두 분
지금도 내 주먹 걱정하느라
편치 않은 밤 보내시지나 않는지
주름진 주먹을 다시 펼쳐본다

나비넥타이
– 입관식

하얀 Y셔츠
나비 한 마리 친구로
빗속을 흐르던 색
흠씬 젖어 무겁지만 붉게 타는 날개

이른 봄
꽃 소식 아직 가물가물한데
일찍도 찾아온 나비
어둠이 앞을 가리는 새벽이다

밤마다 찾아와
찻잔에 짙게 남기고 간
입술자국처럼
선연히 타오르는 빛깔

화장기 있는 얼굴에
툭툭 불거진 핏줄이 선한데
저 승객들과 함께 풀잎배 타고
멀고 긴 항해를 준비하는 나비

지짐이

사람도 말릴 듯 쏟아지는 복 삼복
푹푹 찌다가
시원한 빗소리가 지짐지짐 들려온다
세상 만물을 요리하는 소리
뜨겁게 달아오른 땅이 식는 소리

비 덕에 하루 일을 접고
고단한 나래 쭉 펴는 농부
쉬노라면 생각나는 것
고소한 기름으로 지져댄 부추 호박지짐이
막걸리 한 잔이 곁들여지면 금상첨화
이 집 저 집 주방에서 지글지글 지짐지짐

울 너머로 넘나드는 푸근한 인정에
여름은 깊어간다
호박넝쿨이 살그머니 울을 넘는다
지짐거리는 소리에
목이 한 뼘은 늘어난 것 같다

바람의 입덧

제주 돌하르방 할망이 바람이 나
늦깎이로 혼인식을 올렸다
신혼여행은 서울로

봄이 멀었는데도 훈훈한 바람
핫팬티 배꼽티 노부라티
서울 복판이 뜨겁다
바람 불면 불내겠네
불나면
소방차도 못 끄겠구나

노량진 노들길이 만원이다
활기찬 발걸음
취업바람 입시바람
아무도 못 말리는 바람

이 와중에도
떡볶이 집이 만원이다
싱글은 사절

간판도 묘한 떡볶이 집

우리 제주 커플도 팔짱끼고
매콤한 고추 쫄깃한 가래떡 맛 좀 보자
침이 도는데
입맛이 이상하다며 돌아서는 할망
갑자기 옥돔 물 회가 먹고 싶단다

제주행 비행기 표를 예약한다
입덧이 심하군

싱싱한 믿음

푸르른 허공만 쳐다보느라
까마득한 땅을 모르던 시절
쏟아져 흐르는 것은
강렬한 태양과
차디찬 별들의 체온

꿈이 알알이 맺혀 영근 곳
노란 부리들이 다투어
공중제비 하듯 하늘을 흔들어
창공을 휘젓던 곳
가파른 호흡들이 부딪혀 뜨겁다

해가 빗장을 여는 새벽
누런 땅을 향해 유영하는 깃털
유년을 배반한 점프
믿는 것은 오직 연약한 날개와
낯익은 음파의 메시지

추락하는 것은 싱싱한 믿음이 있다

여름

녹다 멈춘 여름의 푸른 엉덩이에
맛보다 만 염천의 맛을 베껴 넣는다
만지작거리고 맛보다 토해낸
피망보다 더 진한 맛

열대야라는 말
열 덩이가 대야로 열개라?

못 잔 잠 재우듯
지구의 자전소리처럼 스치는 바람이
솔솔 부는 이 저녁
귀뚜라미 혼자 울어댄다

푸른 시절이 아쉬워
목소리까지 촘촘히 진하다

간이역

승객 없는 간이역 녹슨 철길에
무궁화열차가 비켜섰다
잠시 후 KTX가 숨 몰아쉬며 지나간다
그냥 따라가는 바람
마구 흔들리는 코스모스

간간이 불어오는 하늬바람이
역사 울 너머로 기어와
싱싱하게 익어 알싸한 가을을 안긴다
코스모스 고개 숙이고
얼굴 붉히며 바람을 맞는다

바쁠 것 없는 완행열차가
바람이 불러주는 시구詩句를
하나하나 촘촘히 적어간다

열기

귀뚜라미 노랫소리에 이끌려
성큼 다가온 가을이지만
야구장은 식을 줄 모르는 용광로다

구슬땀에 젖는 잔디
북소리에 터지는 목청
치맥이 목 치료하기 바쁘다

피칭과 배팅에
웃고 우는 투 타자
열기와 냉기는 늘 동행한다

패자는 땡감처럼 떫게 떨어지고
승자는 단맛으로 익어간다

화성 행 열차

오염된 지구
언제 찾아올지 모르는 재앙
제2의 빙하기 공룡이 사라진 백악기 등
핵의 오염은 피할 수 없는 현실
청정지역 화성으로 눈 돌린 선각자들
별에서 살아가는 법을 익히고 있다

화성 행 우주선이
이미 완성단계에 있다는 나사
사이버 공간에서 승차권을 팔고 있단다
안타까운 일은
한국인에겐 판금령이 내려질 것 같다
그곳은 부동산 투기 금지 구역이라나

애타는 졸부들 이민 가서
화성 행 승차권 사겠다고
강남 금싸라기 땅을
무더기로 내 놓았단다
믿어야 할 것인가
말아야 할 것인가

수련睡蓮

수련수련 종일 수런대던 수련
해를 배웅한 별들이 수군대는 소리에
하나 둘 나래 접고
스르르 잠에 빠진다

이른 새벽 동쪽하늘 붉어지면
앙증맞은 잎들
이슬로 몸단장하고
다투어 햇살을 맞는다

하루 종일
오염된 진흙탕 헹구며
하얀 뿌리 내리느라 피멍 든 몸
수줍어 돌아서서 발갛게 피는 꽃

오뉴월 기나긴 하루
구정물 거르다 토해낸 상처
치유하느라 고단한 줄도 모르고
피워낸 꽃 초경 같은…

숨

입춘이 지나도
피지 않는 나뭇잎
제 몸 무게도 겨운지
실바람에 휘청거리더니
잎사귀 하나 털썩 덜어낸 후
봄바람이 칭얼대도 대꾸가 없다

천수를 다한 저 거목
꽃 피울 일 없으니
잎인들 소용이 있나
스치는 바람에
고독한 적멸*
우뚝 선 우듬지가 조등弔燈 같다

뭇 생명이 들고 나며
잉태하여
태어나는 들숨 날숨
소리까지 선명하여
식물은 받아쓰고

동물은 얻어서 쓰던 것

중생이 무임으로 빌어서
드나들며 즐기던 것
이제 한 생을 다 하고
숨이 나가는 중입니다
기가 막힐 일입니다

* 번뇌를 벗어난 열반의 경지.

불혹不惑

지천명知天命의 고개를 힘겹게 넘고
이순耳順은 슬그머니 넘기더니
마침내 종심從心에 이르렀다

알 듯 모를 듯 들리는 하늘말씀
귀청 두꺼운 난청의 귀
물리고 찢기고 씹히는 종심
맞지 않는 신발에 헐렁한 옷

나이 40이면 흔들림이 없을까
갈대는 마음을 비워
몸만 흔들린다는데

풍성한 초록빛 세상
황홀한 단풍
다 떨구고
빈 등걸만 남아
온갖 바람을 다 맞는다

제4부

다랑이 논

간 이 역

다랑이 논

산비탈에 조각보가 다락다락 펼쳐졌다
또아리 튼 듯 이어진 선
굽이굽이 둑에 갇힌 물
흙을 어루만져 바닥을 적신다

윗배미 적시고 남은 물은
스미고 흘러
아랫배미를 적신다
한 방울도 헛되지 않게
어머니같이 알뜰히

소와 농부의 구슬땀으로
가을이 노랗게 익으면
농부의 다락에는
사임당의 숨결이 어린다

갈대

피와 땀으로 흥건히
흔들리는 줄기 속 가득 채우고
가파른 물살과 바람에 맞서
무겁게 절규한다

노을에 부는 갈바람 꿀꺽 삼키며
꺾일 듯 휘어질 듯 밀려오는 중력 이기느라
거친 숨 몰아쉬지만
뼛속 파고드는 차가운 바람에
몸이 흔들린다

홍수에도 뽑히지 않으려고
발톱 빠지도록
거친 땅을 파고들며
야무지게 버틴 세월
옹이진 발가락 어루만지며 탄식한다

기러기 날고 서리 내리니
진펄에 털썩 주저앉아

피리를 분다 삘 릴 리 삘릴리
가냘프게 길게 또는 짧게
하얀 머리카락 흔들며

동반자

별이 총총 빛나던 밤
차디찬 된서리가 내렸다

뜨거운 물도 불도 아닌데
바람 시린 울타리 가녀린 호박잎
먹음직스레 데쳐지고
불타던 여름은 저만치서 덜덜거린다

이 와중에도 싱싱한 게 있으니
파 마늘 양파
시련을 즐기는 듯
뿌리 땅속에 묻고 깔깔거린다

해마다 나도 서리를 맞아
성성해진 머리카락이
된서리 맞은 고구마 잎처럼 늘어져
제 멋대로 휘청거린다

어쩔 수 없이

원색으로 진화하는 터럭들
생의 여백으로
하얗게 가꾸자

풍년

배는 곯지 않지
그래 시집 잘 간 거야

쌀값이 곤두박질이다
쌀밥으로 풍요를 누리는 우리네
뱃살이 쌀 살이라고
보리밥으로 살을 줄이잔다
도시락 검사가 선견지명인 듯

지난여름 불타듯 뜨거운 가뭄이
노한 농심을 태우더니
연년세세 풍년 들어 재고가 넘쳐
퉁퉁 부어오른 농심
고뇌에 쌓인 푸른 기와집
북한에라도 살을 보내야 되는지

부족하면 없다고
남으면 남는다고
예나 지금이나 살*인가 쌀이 문제다

그 틈새로
보리밥 식당은 점점 성업 중이니
어부지리로 뱃살 두둑한 사장님
보리가 효자라나 쌀이 효자라나

풍년들면 시집 장가 보내준다던 약속
지켜질 지 두고 볼 일이다

* 쌀의 경상도 사투리

육손

구름도 바람도 숨어 버린 한낮
갯벌이 발가벗고 여름햇살을 즐기는데
팔월의 하늘이 너무 조용해 불안하다

거품으로 제 몸 부풀리며
연신 비벼대는 집게발이
쫓기듯 바쁘다

까만 눈망울 빙빙 돌리는 것이
눈 마주친 나를 경계하는 듯
억지로 태연하다

애써 감추는 알집
통통 영글어 옆구리로 삐지는데
신기하여 손가락을 대는 순간

집게발만 손가락에 남겨놓고
특전사 병사처럼
어디론가 사라진 몸통

손가락에 붉고 푸른 꽃 피고

덩그맣게 매달린 한쪽 집게발
알집 대신 건네준 선물인가

손가락 하나가 더 생겼다

소녀 상 앞에서

아름드리나무
하찮은 벌레들이 갉아먹더니
뿌리까지 병들어 쓰러지고 말았다
그늘 드리웠던 자리에 세워진 소녀상
누가 기도 한 번 한 적 없는데도
여기저기서 우뚝우뚝 솟아난다

빼앗긴 그늘 되찾았지만
착취당한 영혼
되돌릴 수 있을까
따스한 주머니에 손 넣어도
잡히는 것은 켜켜이 쌓인 슬픔뿐
유폐된 기억 불면으로 살아난다

슬픈 군화발자국 소리
목만 길어지다 못이 된 살점
옹이로 아무는 바람 어찌 재울까
뻔질 뻔뻔한 이마
예각으로 반란하느라

진정 아프게 찔린 사람은 말이 없다

첫날밤 꽃잠
침 바르며 축복해 주던 구멍구멍
어찌 메울까
꽃 진 자리 열매 맺을 줄 모르니
어떤 바람으로 풀어낼까
하나 둘 먼 길 떠나는데 줄 것이 없다

잡초

잡초가 없으면
곡식이 키 재보며 자라겠는가
곡식의 그늘에서 곡식을 키우며
끈질기게 살아가는 잡초
발에 밟히면 눕고
바람에 쓸리면 숨 죽여 자란다

작고 셀 수 없는 씨앗은
종의 번식을 넘어
새와 들쥐들을 키우고
벌레들을 살지게 하리라

누울 자리 없으면
바람도 타고 물에도 실려
새 터전 마련하며
유랑생활을 즐긴다

때가 아니면
몇 년 몇 달을

눈 감고 기다린다
때가되면
활활 피어날 준비를 해야지

친정엄마

엄마, 엄마
거듭거듭 불러도 대답이 시원찮은
어느 경우에도 날 등지지 않던 엄마에게
내가 등 돌려야 할 때가 왔다

혼자는 몸을 가누지 못하더니
포근하던 가슴이 점점 앙상해진다
지도 그리는 아이도 되고 쇠똥구리도 되었다가
내 목소리에 놀라 미친년 왔냐고 소리친다

백지장처럼 가볍고 쪼글쪼글한 여자
수런거리던 창밖의 바람이 입을 다문 저녁
곰삭은 듯 진한 눈물 글썽이더니
눈꺼풀이 무거운지 눈을 못 뜬다

기대고 치대던 고목이 쓰러지고
조용한 떨림이 코끝을 적신다
ㄱ ㄴ 아닌 ㅏ ㅑ로
홀로서서 병든 여름도 버티던 꽃대

바람이어라

풍선에 갇혀
앞이 안 보인다

위를 봐도
아래를 봐도
보이는 것은 어둠뿐

앞으로 갈 수도
돌아갈 수도 없는
꽉 막힌 세상
풀어 낼 실마리가 없다

오래 붙잡으면 일 낼 것들

바람도 물도 붙잡으니
모두 시비가 된다

한꺼번에 놓아주고
길 터주고 싶다

달력

주일이 되면 어김없이 생리를 한다
까맣게 오염된 날들이 줄줄이
터널을 나오다 쉴 참에 피를 토한다

자갈밭 진흙탕 길을 걷노라면
채이고 찢겨 쓰라린 상흔들이
한 주일을 참아오다 쏟아 낸 핏덩이

잔소리하기 바쁜 시어머니도
조상님 제삿날엔 빨간 부적을 단다
생일도 아닌데

월말이면 어김없이 찢겨나가
휴지 조각이 되지만
숨 가쁜 한 생이 찢어진 듯 허전하다

늘 침묵으로 일관하지만
우리네 삶을 좌지우지 하는
강력한 메시지

멈출 줄도 뒷걸음질도
오차도 용서도 없는 냉혈동물
바람 탈 일 전혀 없겠다

나는 벌써 폐경을 지나 폐광인데
너는 왜 폐경을 모르느냐

자작나무 숲

머리 허연 산이 좋아
달팽이처럼 짊어진 움집 하나
낯선 자작나무 숲속에 내려놓았다
마늘 먹고 쑥 먹던 장군봉
민족의 고향

발 불어 트고 발목 시큰거리도록
걷고 걸어 넘어 온
우랄 알타이산맥 몽골 사막
자작나무 옹이진 자국이
눈 크게 뜨고 반겨 주었다

오뉴월 여름에도 눈이 좋아
푸른 두건에 하얀 옷 입고
달빛으로 겨울을 풀어헤친 자작나무
숲 사이로 무리지어 쏟아지는 햇빛에도
결코 녹지 않는 눈

천지의 기운을 받아

축축해진 숲속의 진창길로
달팽이들이
무리지어 순례의 길을 떠난다

새 다리

땅 끝과 오리섬 꼬리가 이어졌다
쌓인 그리움이
봄눈 녹듯 녹아내리는 밤
시간이 겹쳐 희미한 불빛이
다리사이로 쏟아져 환하다

실타래 같은 어두운 세월에 묻혀
부푼 꿈들이 불을 켜고
고물고물 기어간다
허공에 그은 밑줄에
또박또박 매달려 살아있는 추억들

학같이 긴 롱다리
참새다리 무다리까지
나는 해오라기처럼 날렵한 새다리를 오가며
뜨끔거렸던 지난날들을
다시 허공에 묻는다

만나는 기쁨이나

헤어져 아리고 아픈 눈물도
모르는 척 말이 없는 다리

창공을 나는 새떼가
시끄럽다
비웃는지
칭찬하는지
새 다리는 묵언수행 중이다

백년해로

입술을 훔친 죄로
무기징역을 선고 받았어요
장미를 꺾은 죄는 몇 년일까
엎어져 누운 햇살
일어설 기미가 보이지 않네요

알록달록 조각보 같은
밥벌레를 낳아 기른 죄는 몇 년일까요
당신의 야관문 지킴이로 살며
긴긴 밤 짧은 잠에
흠뻑 취하는 것도 행복 이었던가요

아가는 어미 되고
어미는 할미 되는 세월에
슬며시 묻히고 감추어진 것들
하나하나 벗기다 보면
남은 건 허리 굽은 허연 터럭 한 줌

아쉽고 서러워 풀죽은 당신

엎어진 햇살 끌어안고
해바라기 꽃시계처럼
빙글빙글 춤추도록 빗장을 푸니
이제 면죄부를 주시지요

길

길은 뚫려있다
모든 길이 로마로 통하듯
길이 모이는 곳
몸살을 하는 차

차가 몸살을 하면
지하철이 대수다
훤한 세상 버리고
두더지가 되어야 한다

어둡고 딱딱한 땅속
두더지처럼 잘도 헤집고 달린다
두 발 간신히 오려놓고
숨 간신히 쉬며 비집고 서있는 지옥

서울길이 막힌다
그 넓은 길 세종로가 경색이다
침도 약도 통점 찾지 못 하는 길
뚫렸지만 없는 길

머위와 부추

울안 양지 바른 담장 밑에 머위와 부추를 심어 이른 봄이면 봄나물로 무쳐도 먹고 쌈으로 즐기던 시절, 나른한 봄은 잘 이겨냈으나 남정네들이 자꾸 시들시들해져 은밀히 원인을 분석해본 결과 그 원흉이 머위라 밝혀졌다고 한다. 화가 머리끝까지 오른 여인네들이 머위를 모두 뽑아 담장 너머로 팽개쳐 울 밖에서 사는 신세가 되었다나.

대가족 시절 여인네들의 수다의 주인공이 된 머위는 월담 후 담장 밖 양지쪽에서 월담초라는 별칭으로 외롭게 살아왔다는 내력이 있다.

머위를 쫓아낸 여인네들은 부추를 더욱 열심히 가꿔 일 년 내내 맛있는 반찬으로 온 가족에게 즐겨 먹였더니 남정네들이 푸들푸들 되살아나 밤이면 이 방 저 방에서 구들장이 무너지는 듯 요란을 떨었고 마당 빈 터도 모자라 사는 집 한 구석을 부숴 재배면적을 넓히며 살았다하여 파옥초라는 별명으로 사랑받으며 길러졌다고 한다.

단골 쌈밥집에 가면
금값인 부추 반찬이 필수 메뉴다
머위 철인데 머위 쌈 맛은
쌉쌀할까
씁쓸할까
나도 모르게
자꾸 부추접시로 손이 간다

풀꽃과 바람

세찬 바람에 나무가 꺾이고 뽑혔다
바닷물을 번쩍 들더니
바위를 부수고 큰 배와 집을 삼켜버렸다
언덕배기 돌 틈에 엎드려 안간힘으로 버텨낸 풀꽃들
아침이 보송보송 마르니
싱그럽고 고운 꽃을 피웠다

널브러진 나무 그루터기 옆에도
햇볕이 잠시 머물더니
마침내 예쁜 풀꽃을 피운 것이다

빗물에 실려 가고 바람에 업혀간 시앗들
강 둔치와 언덕배기에 터를 잡았다
추울수록 봄꽃이 예쁘다더니
봄바람 살랑이고
새벽닭 홰치던 날
풀꽃들의 축제가 열린다

저만치서 불어오는 바람이
커다란 포물선을 긋는다

폐가 3

적막에 묻힌 세월
피 냄새 감추고
눈치로 살아온 벙어리

삐걱대는 철문
불안한 동거로
침묵의 뼈를 키운 곳

발목을 잡힌 듯
거미줄에 얽혀
암울한 숨 쉬는 요새

고요히 은거하고 있지만
우거진 잡초더미 속에서
비릿한 살내음이 풍겨온다

꽃놀이 패

꽃놀이패가 돌았다
국화 매화 난초가 흐드러지게 피자
긴장과 한숨이 교차하는 판
초승달이 뜨고 피가 수북이 쌓인다

패가 돌고 도는 꽃놀이
꽃들이 쌓여 당긴 활시위처럼 불거져
무슨 일 낼 듯하다
보름달도 떴다 둘이나

공포의 칠각이라고 웃고 있는 당신
떨고 있는 것 알고 있어
미끼를 슬쩍 던진다
산란하는 새들을 쫓더니
삼월의 달을 물고 왔다

풋풋한 벚꽃 향기를 풍긴다
성숙한 여인 같은 달 셋이
고고한 춤사위를 펼친다

칠흑같은 밤을 더듬던 칠각들
구름이 갈라지더니 쌍둥이를 낳았다
쌍둥이 아기가 설사를 한다
싸 놓은 똥은 치우는 게 약

새들이 소란이다
대박이라고
피박달박 웃고 우는 소리
귀가 간지럽다

사물놀이

두들겨 맞아야 신명소리를 낸다
날줄과 씨줄로 촘촘히 엮어
적막한 허공에
무지개 한 줄 그어 놓았다

방짜 유기의 금속성
가죽의 울림으로 어우러져
동토에 불을 지른다

끊어질 듯 이어지는
질기고도 긴 여운
산사의 범종 소리인 듯
가쁜 심장을 어루만진다

한 풀어내는 호적소리
돌고 도는 상모의 율동이
고단한 하루의 얼굴을 지운다

평설

언어의 권력과 풍자의 불꽃

김용재

시인. UPLI한국회장
국제PEN한국본부부이사장

I

풍자는 어리석은 행동의 폭로와 사악(邪惡)의 징벌이라는 두 요소를 자체세계의 초점으로 하여 타원형을 그리며 왕복운동을 한다. 풍자는 경박한 것과 진지한 것 사이를, 그리고 아주 사소한 것과 몹시 교훈적인 것 사이를 왕복하며 극히 유치하고 잔인한 것으로부터 고도로 세련되고 우아한 것에 이른다. 풍자는 독백, 대화, 서간, 연설, 서술, 풍속묘사, 우화, 환상, 만화, 해학극(burlesque), 패러디(parody) 및 기타 어떠한 수단이라도 단독으로, 또는 혼합시켜 사용한다. 또한 풍자는 기지(wit), 조롱(ridicule), 아이러니(irony), 비꼼(sarcasm), 조소(cynicism), 냉소(sardonic) 및 욕설(invective), 즉 풍자의 범위(spectrum)에 있는 모든 어조를 사용함으로써 그 표면을 다양한 색상으로 변화시킨다.

A. Melville Clark가 문학양식의 연구(Studies in Literary Mode /

1946. p.32)에서 풍자의 다양성을 잘 요약한 것인데 서울대출판부에서 펴낸 문학비평총서 8『諷刺 Satire』 번역본(1980. pp.9-10)내용을 필자가 조금 변형 소개한 것이다.

광범위하고 장황하기도 하지만, 풍자가 '비열하고 고약한 녀석'이라는 비난으로부터 독자의 공감을 얻는 '언어의 무기'로 인정받는 문학예술의 한 수단으로 각광을 받은지 오래였다. 오늘에 와서도 그 빛은 변함없이 빛나고 있건만 그 빛의 효력을 뜻있게 활용하는 흔적이 시인들에게서 왕성하게 드러나지 않는 것은 유감이다. 어쩌면 진리와 양심의 한 방패로서, 부정과 악덕과 나태가 두려워하는 교정과 치유의 큰 가치로서, 그리고 시의 한 생명력으로서 풍자는 그 힘이 유지될 것이다.

필자가 만난 시인 중 풍자의 힘을 펼쳐 시작의 불꽃을 태우는 오상영 시인은 늦은 연륜임에도 불구하고 왕성하게 스스로의 시세계를 확보해가고 있다.

작은 것에 큰 힘을 부여하고, 잊혀져가는 옛 것이나 사소하고 보잘 것 없는 것에 언어의 권력을 투사하는, 그 풍자의 힘으로 시의 집을 짓고, 이젠 손님을 맞이해도 좋을 집단장을 계속하고 있는 것이다. 그 집을 장식하고 있는 시편들을 살펴본다. 그 시편들에는 특히 연상(association)의 열매들이 튼실하게 매달려 있다. 연계, 유대, 제휴, 동일시에 이르기까지 William Blake가 단언한 시인이 되는 한가지 힘으로서의 상상력, 그 거룩한 시력(One power alone makes a poet: Imagination, The Divine Vision)이 담겨져 있다.

Ⅱ

으르렁으르렁 웅 웅 소리에
기가 죽은 수중 가족들
개구리 주제에
황소울음 흉내를 낸다

배고프던 시절
식용으로 수입된 황소개구리가
물속 생태계를 주름 잡다니
굴러온 돌이 박힌 돌을 빼는 격이다

커다란 입에 북통같은 배
흉물스런 이빨
전율을 느끼게 하는 울음소리에
물속은 비상사태

왕성한 식욕과
거친 힘에 가위가 눌려
토종 생물들은 멸종 위기다
천적은 없을까

남자 X에 좋다는 말에 창업한

황소개구리식당
미식가들의 입맛 다시는 소리가
파문을 일으킨다

– 〈황소개구리〉 전문

황소개구리(bullfrog)는 황소(bull)처럼 운다고 해서 붙여진 이름이라 한다. 육식성이어서 다른 개구리, 뱀, 벌레, 지렁이, 도롱뇽 등을 잡아먹는다고 한다.

시인이 살핀 이 황소개구리는 으르렁으르렁 웅웅 소리를 내며 수중 가족들을 기죽게 하고 물속 생태계를 주름잡는다. 물속은 비상사태, 토종 생물들은 멸종위기다. 굴러 온 돌이 박힌 돌을 빼는 격이다.

이 놈은 또 배고프던 시절 수입된 식용이어서 황소개구리 식당까지 생겨났고, 특히 남자들 정력에 좋다는 소문과 미식가들의 입맛 다시는 소리가 파문을 일으킨다고 했다.

일상에서 보고 느끼는 사실의 기록이지만 그 사실 뒤엔 우리의 정치생태나 사회생태 현상이 풍자되어 있다. '파문을 일으킨다'는 마지막 행– 현실에서 일어나는 그 파문이 풍자의 생명력이라 할 수 있다.

협잡과 권모술수, 부정과 부패의 옷을 걸친 권력의 적폐가 있고 그 적폐의 황소개구리를 잡아먹는 미식가들은 풍자의 그늘 속에서 왕성한 여름을 맞이할 것인가? 생각해 볼 일이다.

꽃들이 태양을 닮으려나
입 크게 벌리고

환하게 웃고 있다

진정 꽃들은 웃기만 할까
나를 가둔 꽃밭
꽃들의 속내를 들여다보고 싶다

빈정대며 비웃는 헛꽃
납작 엎어져 눈치 보는 놈
헤프게 웃어대지만 향기 없는 놈

웃고 있지만
속으로는 울고 있을지도 몰라
화들짝 피었다
와르르 쏟아지는 눈물 같은 꽃
무슨 사연 있을 것 같아
아롱진 눈빛으로 꽃밭을 본다

— 〈진정 꽃들은 웃고 있을까〉 전문

꽃은 아름다움 그 자체이며 아름다운 모든 것의 상징이며 또한 미소의 상징이다. 그러나 그 꽃도 못된 냄새, 해를 끼치는 가시나 벌레, 심지어는 독소까지 품고 있는 것도 있다. 그 꽃에도 물론 아름다움과 미소가 드러나 있다.

자신을 가두고 있는 꽃밭에서 시인은 꽃들의 속내를 들여다본다.

입 벌리고 환하게 웃는 꽃, 빈정대며 비웃는 헛꽃, 납작 엎어져 눈치 보는 꽃, 헤프게 웃어대지만 향기 없는 꽃, 웃지만 속으로 울고 있는 꽃을 관찰하며 아롱진 눈빛으로 꽃밭을 본다.

꽃의 아름다움이나 미소만을 보다가 이렇게 저렇게 사정이 다른 꽃을 보는 눈은 아롱진 눈빛일 수 밖에 없을 것이다. 또렷하지 않고 흐리게 자꾸 어른거리는 눈빛, 얼룩진 눈빛이 된 것이다. 아름다움이나 미소 뒤에 가려진 우리의 인간 세상은 어떨까? '아롱진 눈빛'이 풍자의 현실을 말해줄 것이다. 비웃는 정치, 눈치 보는 정치, 향기 없는 여성, 속으로 울고 있는 여인 등등 이들이 불러온 눈빛이 곧 아롱진 눈빛이 되었을 것이다.

뒤태가 화두다
뒤태미용실 뒤태미용체조
뒤태성형외과 뒤태미인선발대회
뒤태마네킹 등
뒤태로 눈길을 돌려보란다

앞사람 뒤만 보고 걷고
엘리베이터 안에선
뒤만 보고 서 있는 우리네
구린내 나는 뒤
선인들의 뒤를 따라가는 인간사
역사는 무엇의 기록인가

앞만 보여주는 사람
뒤태가 의심스럽다
왜곡되고 감춰진 뒷모습
숨겨진 구린내 풀풀 튀어나오도록
보도에 열심인 언론을 보면
뒤태미인을 본 듯
스산한 마음이 시원해진다

미세먼지 자외선 두려워
마스크 선글라스 모자로 가려진 앞
비집고 볼 수 없으니
뒤만 보고 가자
혹시 보톡스로 가꾼 뒤태는 아닐지

뒤가 깨끗한 세상이 회자되는 날이
뒤태미인들이 활보하는 날

— 〈뒤태〉 전문

뒤태는 뒤쪽에서 본 몸매나 모양을 말한다.

몸의 그늘이며 덜 중요한 부분이며 잊고 있는 반쪽일 수 있다. 이쪽과 저쪽에서 저쪽일 수 있고 앞과 뒤에서 물론 뒤의 현상이다. 가장 가까우면서 먼 곳이기도 하다. 그러나 시인의 말대로 뒤태가 화두다. 뒤태의 이름을 붙인 각종 영업소로부터 눈길을 돌려볼 수 있는 곳이 다양하다. 엉덩이 뒤태, 섹시 뒤태, 수영복 뒤태, 뒷모습이 진실이다, 뒷모습이 정직하다 등 뒤태는 환상과 신비의 대상으로 승화된다.

그럼에도 불구하고 숨겨진 구린내 풀풀 튀어 나오는 뒤태가 있고 그런 뒤태를 쫓는 역사가 있고 그런 뒤태 보도에 열심인 언론이 있고 엘리베이터 안에서처럼 뒤만 보고 서 있는 우리들 사회가 있다. 그런가 하면 마스크, 썬글라스, 모자 등으로 가려진 앞을 볼 수 없는 세상이 유감스런 현실인식이다.

마침내 시인은 뒤가 깨끗한 세상, 뒤태 미인들이 활보하는 날을 기다리고 있다. 반 쪽이 아니고 먼 곳이 아닌 온전한 모듬살이의 사회를 갈망하는 풍자의 시심이 번뜩이고 있다 할 것이다.

주일이 되면 어김없이 생리를 한다
까맣게 오염된 날들이 줄줄이
터널을 나오다 쉴 참에 피를 토한다

자갈밭 진흙탕 길을 걷노라면
채이고 찢겨 쓰라린 상흔들이
한 주일을 참아오다 쏟아 낸 핏덩이

잔소리하기 바쁜 시어머니도
조상님 제삿날엔 빨간 부적을 단다
생일도 아닌데

월말이면 어김없이 찢겨나가
휴지 조각이 되지만
숨 가쁜 한 생이 찢어진 듯 허전하다

늘 침묵으로 일관하지만
우리네 삶을 좌지우지 하는
강력한 메시지

멈출 줄도 뒷걸음질도
오차도 용서도 없는 냉혈동물
바람 탈 일 전혀 없겠다

나는 벌써 폐경을 지나 폐광인데
너는 왜 폐경을 모르느냐

– 〈달력〉 전문

달력은 우리들 가정이나 사무실, 개인이 소유하고 있는 수첩이나 핸드폰 등 항상 함께 있는 필수적 동반자이며 반려자이다. 그 달력은 일반적으로 검은색의 숫자와 붉은 색의 숫자로 구성되어 있다. 시인은 특히 붉은 색의 숫자에 관심을 두고 그 숫자와 우리들의 일상 또는 자신의 생활을 병치해 본다. 붉은 숫자는 주일 생리, 까맣게 오염된 날(검은 숫자)들이 피를 토하는 휴식, 삶의 상흔들이 쏟아낸 핏덩이, 빨간 부적 등으로 승화된다. 그 달력은 월말이면 한 생이 찢어진 듯 허전한 휴지 조각이 되고, 그럼에도 불구하고 우리네 삶을 좌지우지하는 강력한 메시지를 담고 있으며, 오차도 용서도 없는 냉혈동물이며 폐경을 모르는, 건강한 세월의 증언자도 나타난다.

근시안이 되어버린 일상의 달력에 삶의 한 궤적을 투사한 그 시심은 연상력의 승화라 할 수 있다. 풍자의 스펙트럼이 수를 놓고 있다 할 것이다.

벌써 모기 소리가 들린다
피 맛을 봐야 직성이 풀리는 놈
다른 종족의 살 냄새가 좋아서
잠행한 암컷

수컷 친구도 마다하고
내 살에 침 팍팍 꽂고 침 탁 뱉어
묽어진 피
강제로 뽑아 달아났다

올 여름이 길거라니
향그런 피의 맛에 길든 식성으로
모기와 한 판 승부수를 띄워야겠다

― 〈모기〉 전문

자료에 의하면 모기는 지구상에 3500여종이 있다고 한다.

암컷이 흡혈을 하고 수컷은 식물의 즙액이나 과즙을 빨아먹는다고 한다. 수명은 수컷이 7~10일, 암컷은 1~2개월이라고 한다. 암컷은 1회 155개의 알을 낳으며 13회 정도 계속한다고 한다. 한 놈이 2000마리 이상의 종족을 번식시킨다는 이야기다.

이렇게 수 많은 암컷들이 제 남편이나 동족의 사내들도 마다하고 다른 종족의 살 냄새를 그리며 잠행해서 강제로 피뽑기의 일생을 보낸다.

그 모기와 한판 승부의 여름을 기약하는 시인의 가슴에는 모기와의 전쟁이 아니라 사회의 폭력과 무질서에 대한 경계의식이 더 강렬함을 인식할 수 있다는 것이다. 그래도 풍자의식을 같이 할 수 없다면 모기나 잡고 살면 될 것이다. 표현된 그 자체만을 보아도, 인식의 오류임을 단정할 수 없다는 주장도 물론 있을 것이다.

몇 년 째
새벽 산책길에서
스치며 바람을 일으키고
옷맵시가 유난한 여인이
며칠 째 잠잠하다

잔잔한 파도가 일렁인다
심란하다 흔들린다
추우나 더우나 마스크로 가려진 얼굴
이름도 성도 모르는데

유일한 기억은 옷맵시 뿐

장마에 쓰러져 겨우 고개 든
갈대에게 물어도
도리질만 칠 뿐
오늘 그녀의 옷맵시는
몇 점일까

바람 지나간 자리가
횅하니 텅 비어있다
눈도장이라도 찍어 놓을 걸

– 〈눈도장〉 전문

〈눈도장〉은 새벽 산책길에서 우연히 스쳐본 한 여인에 대한 그리움이며 잔잔한 파도로 일렁이는 연정의 추억이다. 청년이나 노년이나 연령을 불문하고, 아니라고 도리질 칠 수 없는 무지갯빛 경험의 한 부분이다. 눈도장으로 처리한 이 절묘한 풍자의 스펙트럼을 인식하는 과정에서 이 시의 우수성이 드러날 것이다.

눈으로 찍는 도장, 눈짓으로 허락을 얻어내는 일, 상대편의 눈에 띄는 일, 상대편의 눈 속에서 호의를 찾는 일, 이런 일들이 눈도장(finds favor in one's eyes)이다.

눈도장을 찍지 못한 그 아쉬움과 안타까움의 순정이 아름답게 승화되면서 그 진폭은 어쩔 수 없이 풍자의 큰 길을 외면하지 않고 있다는 것을 알게 될 것이다.

높은 사람의 눈도장, 상관의 눈도장, 감독의 눈도장, 팬의 눈도장, 선거의 눈도장으로부터, 마스크의 사회, 정확한 표정을 알 수 없는 반 이상 가려진 얼굴, 또는 그런 사회를 보고 살면서 눈도장의 그리움은 가면의 터널로 방향을 잡은 것일까? 숙고해 본다.

Ⅲ

앞에서 언급한 작품이외에도 다음과 같은 작품을 눈여겨 볼 수 있다.

〈봉선화〉는 붉은 눈물 흘리는, 마포형무소 앞 물결치는 태극기 군중들로 풍자되어 있다.

〈화물차의 꿈〉은 팔도강산 누비며 다시 태어나는 새 삶의 꿈을 그리고 있다.

〈봄비〉는 황사나 미세먼지, 핵무기의 위협을 경계하며 진달래, 개나리, 매화의 얼굴을 그리는 촉촉한 마중길의 소망을 심고 있다.

〈지짐이〉는 부침개나 파전을 연상케하는 기름에 지진 음식물을 통틀어 이르는 말이지만, 시원한 빗소리 지짐지짐 들려오며 세상 만물 요리하는 소리로 전이한다.

〈다랑이 논〉에서는 소와 농부의 구슬 땀, 노랗게 익은 가을, 마침내 사임당의 숨결을 찾는다.

이들 작품들을 풍자의 영역에서 살펴보았지만 상상이나 연상의 의미가 더 튼튼한 구조를 이루고 있다.

풍자는 웃음이나 재미가 무기이며 경멸, 분노, 조소의 태도를 불러일으키는 문학상의 기교라 한다. 풍자는 또한 작품 자체의 외부에 존재하는 목표물을 공격하는 무기로 사용된다. 그 목표물은 한 개인일 수도 있고 어떤 인간형이나, 어떤 계급이나, 어떤 궤도나 어떤 사회, 어떤 국가일 수 있다.

오상영 시인은 그 풍자의 목표물을 긍정하거나 부정하지도 않았고, 더욱 한정하지도 않았다. 어떤 대상에 대한 상상과 연상의 상관물들을 배치하였을 뿐이다. 작품 자체의 외부에 존재하는 그 풍자의 목표물을 찾는 것을 독자의 몫으로 돌려놓은 것이다. 그 목표물을 생각하고, 찾아낼 때 오상영 시인의 시에 새겨진 언어의 권력과 풍자의 불꽃을 인식할 수 있을 것이다.